INVENTAIRE
Y

# CHANSONS

## DE

### P. Émile Debraux.

---

## SECOND VOLUME.

---

*1.re Livraison.*

---

PRIX : 5o cent.

**PARIS.**

Imprimerie de Brasseur aîné.

1821.

CHANSONS

par

Émile Debraux

SECOND VOLUME

Transport.

Prix: 50 cent.

PARIS

Imprimerie de Beaulé et Jubin

1831

# CHANSONS

DE

*P. Emile Debraux.*

~~~~~~~~~~~~~~~~~~~~~~~~~~~~~~~~~~~~~~~~~~~~~~~~~~~~

## M. CRÉDULE.

Air : *Plantons du raisin.*

Mon voisin, monsieur Crédule,
Me disait hier au soir,
D'après son tic ridicule
De voir les choses en noir :
Maintenant le Nord se pique
De mener les souverains ;
La balance politique
Va passer dans d'autres mains :
  Mon cher voisin, alte-là,
  Les Français sont encor là !

De nos voisins d'Angleterre,
Prenant le goût et l'humeur,
Le Français, si gai naguère,
Devient pesant et grondeur.
~~~~~~~~~~~~~~~~~~~~~~~~~~~~~~~~~~~~~~~~~~~~~~~~~~~~

Pour dissoudre cette bile ,
Sans parler des gazetiers ,
Des flonflons du Vaudeville ,
Des Brunets et des Potiers:
    Mon cher voisin, alte-là ,
    Le Champagne est encor là !

L'élite des preux succombe ;
Desaix meurt à Marengo ;
Valmy descend dans la tombe
Où l'attend Montebello:
Calmez, calmez votre peine ;
Et puisque, chez les Français ,
On a remplacé Turenne ,
On remplacera Desaix :
    Mon cher voisin, alte-là ,
    Nos braves sont encor là !

Les étrangers, au Musée
Vinrent lorgner nos tableaux ,
Puis, d'une manière aisée ,
Décrochérent les plus beaux :
Pour effacer cette injure ,
Par des chefs-d'œuvres nouveaux ,
Nos grands maîtres en peinture
Ont resaisi leurs pinceaux:
    Mon cher voisin, alte-là ,
    Nos peintres sont encor là !

La paix qui règne sur terre
Paraît longue à supporter,
Et l'on prétend que la guerre
Est sur le point d'éclater:
Si l'imprudente Bellone
A nous tracasser songeait,
Les poudrières d'Essone
N'ont pas sauté tout à fait.
    Mon cher voisin, alte-là,
    Nos armes sont encor là !

Du Nord j'ai vu la bannière,
En dépit de nos exploits,
Dérouler son aigle altière
Sur le palais de nos rois;
Si, dans un moment d'orage,
Les vents septentrionaux,
Du laurier qui nous ombrage
Ont brisé quelques rameaux :
    Mon cher voisin, alte-là,
    Les tiges sont encor là !

Tant que des bords de la Seine
Le sort n'aura pas banni
Les soutiens de Melpomène,
Talma, Lafon, Joanni,
Des arts, la douce espérance,

Gros , Gerard et Girodet ,
Et ces noms chers à la France ,
Jourdan , Cambronne et Suchet :
Mon cher voisin, alte-là ,
Les Français sont encor là !

---

# ÇA VAUT BIEN MIEUX.

### CHANSONNETTE.

Air : *C'est un sorcier.*

Au diable soit l'atrabilaire
Qui n'est jamais content de rien ;
Sur mon sort, loin d'être en colère,
Je vis en franc épicurien :
Sans reclamer auprès du trône,
Ce que désirent tous les cœurs,
   Les honneurs,
   Les faveurs,
   Les grandeurs ;
De la monnai' blanche ou d' la jaune,
Des jeunes femm's et du vin vieux ,
   Ça vaut bien mieux.    ( 4 fois ).

De l'admirable Lafontaine,
Cléon prit les crayons charmans ;
Mais les bêtes qu'il mit en scène
Firent murmurer bien des gens ;
Plus d'un mortel digne de Beaune,
Prétendit y voir son portrait :
    On criait,
    On braillait,
    On parlait :
De la monnaie, etc.

Damis fit un superbe drame,
Où, dans trois actes larmoyans,
Il prodiguait, pour toucher l'ame,
Et les vers et les mots ronflans ;
Mais, tandis que son Amazone,
Sur ses malheurs se récriait :
    On baillait,
    On crachait ;
    On sifflait :
De la monnaie, etc.

Un beau matin au ministère,
Et même à quelques députés,
De Félix la plume sévère
Osa dire des vérités ;
Partout on l'admire, on le prône ;

Mais le procureur en courroux,
    D'un air doux,
      Le mit sous
      Les verroux.
De la monnaie, etc.

Mon frère, me dit la Ttempête,
Méprisant un honteux repos,
Au champ d'honneur para sa tête;
De la couronne des héros,
S'il périt au siège d'Ancone,
Ce fut en Lacédémonien :
      Mon ancien,
      C'est fort bien,
      J'en conviens;
Mais d' la monnaie, etc.

D'aller au séjour de saint Pierre,
Quand on a formé le dessein,
Il faut vivre sur cette terre
Comme un martyr ou comme un saint.
A peupler la divine zône,
Pense qui voudra sans effroi ;
      Quant à moi,
      Par ma foi,
      J'entrevois
Que d' la monnaie blanche ou d'la jaune,
Des jeunes femm's et du vin vieux
    Ça vaut bien mieux.      (4 fois).

# ADIEUX D'UN FRANÇAIS.

Air: *Fleuve du Tage.*

Non loin des terres
Qu'il baigna de son sang,
Un de nos frères
Murmure en gémissant :
Gardez-vous de répandre
Des larmes sur ma cendre :
O mon ami,
Je meurs pour mon pays !

Adieu, belle patrie ;
Adieu France chérie.
Hélas ! je vais
Te quitter pour jamais !   } *bis.*

Toi, dont les larmes
Augmentent ma douleur,
Tiens, prends mes armes
Et cache-moi tes pleurs ;
Sans crainte et sans envie,

Je puis perdre la vie,
Puisqu'un drapeau
Flotte sur mon tombeau.
   Adieu belle patrie, etc.

De peur qu'un voile
Couvre mon front vainqueur
Prends cette étoile
Qui brille sur mon cœur.
Aux champ de la Neustrie,
Va dire à mon amie :
Baignez les fleurs
De l'onde des douleurs.
Adieu belle patrie, etc.

Puisqu'à la tombe
Tout mortel est soumis,
Heureux qui tombe
Auprès de ses amis.
Que votre main légère
Me ferme la paupière,
Et que vos chœurs
Endorment mes douleurs.
Adieu belle patrie, etc.

Mort qui s'approche,
Je te vois sans frayeur ;

Aucun, reproche
Ne pèse sur mon cœur.
Faut-il, quand par l'aurore,
Déjà tout se colore,
Que, par ta loi,
La nuit vienne pour moi.
Adieu belle patrie :
Adieu France chérie.
    Hélas! je vais
Te quitter pour jamais!

---

# ÇA N'IRA QUE D'UNE FESSE.

### CHANSONNETTE.

Air:

Toujours on chantera,
Et toujours on rira ;
Mais morbleu ! tant qu'on vivra,
A la hausse à la baisse,
    Mes amis, ça n'ira
Toujours que d'une fesse.

Tant que l'or obtiendra
Tel honneur qu'il voudra ;
En un mot, tant qu'on vendra
Les lettres de noblesse,
Mes amis, etc.

Tant que femme l' voudra,
Toujours on l'aimera ;
Mais morbleu ! quand il faudra
Payer une princesse,
Mes amis, etc.

Tant que l'on en aura
Notre argent dansera ;
Mais hélas ! quand on verra
Filer la dernière pièce,
Mes amis, etc.

Tant qu'aux champs on verra
L'clergé qui règnera,
Qu'aulieu de boire il faudra
S'endormir à confesse,
Mes amis, etc.

Tant qu' l'honneur parviendra,
Du courage on aura ;
Mais d'vant vous, quand on pouss'ra
L'fils d'un duc, d'une comtesse,
Mes amis, etc.

Tant qu' l'ultrâ vantera
Ses exploits, on rira ;
Mais hélas ! quand il tiendra
Les honneurs et la caisse,
Mes amis, etc.

Tant que le vin sera
Sans mélange, on boira ;
Mais tant que l'on y mettra
Une voie d'eau par pièce,
Mes amis, etc,

Tant que jeune on sera,
Les cent coups on fera ;
Mais quuand on roupillera
Auprès de sa maîtresse,
Mes amis ça n'ira
Toujours que d'une fesse.

# LA GNOGNOTTE.

## CHANSONNETTE.

**AIR :**

Je n' suis pas optimiste ;
L'homme verse des pleurs ;
Je n' suis pas pessimiste :
Car la vie a des fleurs,
Quand on s'passe en ribotte
Du bon vin par le cou.

Quand on a dans sa poche 3 à 4 petits écus qui courent les uns après les autres, et avec lesquels on peut s'faire des bosses, c'est alors que la vie de l'existence est agréable....

Mais morbleu! quaud on n'a pas l'sou
C'est d'la gnognotte !

J'aime petite table,
Auprès de ses amis,
Avec gaîté l'on sable
De petits vins choisis.
Momus, quand on sirote,
Ne dit jamais holà !

Mais ces grands repas d'étiquette où l'on se
trouve toujours entre M. Pincé et Mademoi-
selle Mijaurée, où un grand escogriphe de la-
quais, perché derrière votre chaise, vous en-
lève les plats avant que vous n'ayez mis la
main d'sus....

Ventrebleu, ces grands diners-là
C'est d'la gnognotte !

Au diabl' l'amant fidéle,
Comme il en est parfois,
Qui n'os' toucher sa belle,
Pas même du bout des doigs ;
Qu'il s'embarlificote
Dans ses tendres aveux.

Moi, morbleu, pas si bête ; quand les yeux
d'une femme m'ont mis tout je n' sais com-
ment, j'lui dis : Écoutez, je n' suis pas beau,

c'est vrai ; je suis mal fagotté, c'est encor
vrai ; mais je suis si bon enfant... Si ça vous
convient, touchez-là ; si ça n'vous convient
pas... bonsoir, car...

Soupirer, tortillier des yeux,
    C'est d' la gnognotte !

    Quand il s'agit d' mariage,
    C'est un cas différent ;
    Il faut qu'la femm' soit sage,
    Ensuite qu'alle ait d' l'argent ;
    Fut-elle en papillotte
    Aussi belle que Vénus.

Eût-elle la grâce de Junon, la fraîcheur
d'Hébé, la jeunesse de Flore, la sagesse de
Minerve ; en un mot, fut-elle aussi jolie, aussi
aimable que vous, Mesdames, c'est égal....

Du moment qu'ell' n'a pas l'sou
    C'est d'la gnognotte !

    Vive un Français fidèle
    A son prince, à l'honneur,
    Qui, lorsque Mars l'appelle,
    Vole au feu sans frayeur ;
    Qui, gaîment, dans la crotté
    Trott' comme nn chien barbet.

Mais que le diable emporte ces soldats de la
vierge Marie, comme on en voit quelquefois,

qui demandent des congés la veille des jours
de bataille, qui montent la garde en parapluie,
et surtout ceux qui se font rouler pompeuse-
ment dans des carosses ; car ventrebleu !

>Des soldats en cabriolets
>    C'est d'la gnognotte !

>Vive le mandataire
>Qui, filer de son devoir,
>Dans tous les tems préfère
>La justice au pouvoir.
>Si jamais il ne vote
>Que le maintien des loix.

Il est sûr à son retour d'entendre dire autour de
lui : Morguenne ! v'là un gaillard qui défend
joliment le pauvre monde ; c'est un homme
comme il nous en faut ; car morbleu, on dira
tout c'qu'on voudra, mais....

>Un député qui vend sa voix
>    C'est d'la gnognotte !

>Quoi que j'sois bon apôtre
>Je crains l' *de profundis;*
>Mais j'espèr' comme un autre
>Aller au Paradis.
>Cette idée-là m'ravigotte,
>Et pourtant, tems en tems,

« Quand je songe à la description que l'on nous fait du séjour de saint Pierre , ça ne fait pas tout à fait mon compte ! La sainte écriture prétend que nous y jouerons de la trompette jusqu'au jugement dernier . et ma foi...

Jouer d'la trompett' pendant mille ans
C'est d'la gnognotte !

---

## L'ANGLAIS A PARIS.

### CHANSONNETTE.

Air : *Il ne faut pas dire fontaine.*

« Cette France ,
« Quoiqu'on en pense ,
« N'est pas bonne pour un milord ,
« Et je m'y déplais beaucoup fort.

Quelques jours avant la débâcle
Éreinté , moulu fracassé ,
Un Anglais sortant du spectacle ,
S'écriait d'un ton courroucé :
« Mon nez a besoin d'un emplâtre ,
« Et du plus beau de mes habits
« J'ai laissés les pans au spectacle ;

www.ingramcontent.com/pod-product-compliance
Lightning Source LLC
Chambersburg PA
CBHW060047090726
47597CB00012B/3337